Coleção Eu gosto m@is

CÉLIA PASSOS

Cursou Pedagogia na Faculdade de Ciências Humanas de Olinda – PE, com licenciaturas em Educação Especial e Orientação Educacional. Professora do Ensino Fundamental, do Ensino Médio (Magistério) e coordenadora escolar de 1978 a 1990.

ZENEIDE SILVA

Cursou Pedagogia na Universidade Católica de Pernambuco, com licenciatura em Supervisão Escolar. Pós-graduada em Literatura Infantil. Mestra em Formação de Educador pela Universidade Isla, Vila de Nova Gaia, Portugal. Assessora Pedagógica, professora do Ensino Fundamental e supervisora escolar desde 1986.

LIZETE MERCADANTE MACHADO

Formada em História pela Faculdade de Filosofia, Ciências e Letras de São José dos Campos, com mestrado em História do Brasil pela Universidade de Campinas (Unicamp), trabalhou no magistério por mais de 15 anos, em escolas particulares e públicas da educação básica. Vem atuando na área editorial por cerca de 40 anos, como editora de obras didáticas, de ficção e não ficção em diversas empresas do ramo do livro. É autora e colaboradora de obras didáticas e paradidáticas, além de editora de coleções para programas de governo e mercado privado.

1º ANO
ENSINO FUNDAMENTAL

4ª edição
São Paulo
2020

IBEP

HISTÓRIA

Coleção Eu Gosto Mais
História 1º ano
© IBEP, 2020

Diretor superintendente	Jorge Yunes
Diretora adjunta editorial	Célia de Assis
Coordenadora editorial	Adriane Gozzo
Assessoria pedagógica	Valdeci Loch
Editora	Fabiana Ferreira Lopes
Assistente editorial	Selma Gomes
Revisores	Denise Santos, Janaína Silva, Jaci Albuquerque e Cássio Pelin
Secretaria editorial e processos	Elza Mizue Hata Fujihara
Coordenadora de arte	Karina Monteiro
Assistente de arte	Aline Benitez, Juliana Freitas, Lye Longo Nakagawa
Assistentes de iconografia	Victoria Lopes, Irene Araújo e Ana Cristina Melchert
Ilustração	João Anselmo e Izomar, José Luís Juhas
Assistente de produção gráfica	Marcelo Ribeiro
Projeto gráfico e capa	Departamento de Arte - Ibep
Ilustração da capa	Manifesto Game Studio/BoxEdea
Diagramação	ED5/Formato Comunicação

CIP-BRASIL. CATALOGAÇÃO-NA-FONTE
SINDICATO NACIONAL DOS EDITORES DE LIVROS, RJ

P32e
4. ed.

Passos, Célia
   Eu gosto mais : história : 1º ano : ensino fundamental / Célia Passos, Zeneide Silva, Lizete Mercadante Machado. - 4. ed. - São Paulo : IBEP, 2020.
       : il.   (Eu gosto mais)

  ISBN 978-65-5696-000-5 (aluno)
  ISBN 978-65-5696-001-2 (professor)

1. História - Estudo e ensino (Ensino fundamental). I. Silva, Zeneide. II. Machado, Lizete Mercadante. III. Título. IV. Série.

20-64081   CDD: 372.89
                                                     CDU: 373.3.016:94

Meri Gleice Rodrigues de Souza - Bibliotecária CRB-7/6439
20/04/2020   22/04/2020

4ª edição – São Paulo – 2020
Todos os direitos reservados

IBEP

Rua Gomes de Carvalho, 1306, 12º andar, Vila Olímpia
São Paulo - SP - 04547-005 - Brasil - Tel.: (11) 2799-7799
www.editoraibep.com.br editoras@ibep-nacional.com.br

APRESENTAÇÃO

Querido aluno, querida aluna,

Elaboramos para vocês a **Coleção Eu gosto m@is**, rica em conteúdos e atividades interessantes, para acompanhá-los em seu aprendizado.

Desejamos muito que cada lição e cada atividade possam fazer vocês ampliarem seus conhecimentos e suas habilidades nessa fase de desenvolvimento da vida escolar.

Por meio do conhecimento, podemos contribuir para a construção de uma sociedade mais justa e fraterna: esse é o nosso objetivo ao elaborar esta coleção.

Um grande abraço,

As autoras

SUMÁRIO

LIÇÃO — **PÁGINA**

1 — **Eu sou criança** — 6
- Todo mundo é diferente 6
- O que você quer?.....................................10
- Como é seu jeito de ser? 14

2 — **Eu tenho tempo** — 20
- Todos temos uma história 20
- Linha do tempo de sua vida...................24
- A infância 27
- A infância de outros tempos...................28

3 — **Histórias de criança** — 34
- Somos iguais, mas também somos diferentes................................34
- O dia a dia das crianças 36
- Os direitos das crianças 39

4 — **Eu tenho uma família** — 46
- Cada família tem sua história 46
- As famílias são diferentes 47
- Viver em família......................................50

LIÇÃO		PÁGINA
5	**Todo mundo tem uma família**	58
	• Cada família tem sua história 58	
	• As famílias não são todas iguais 60	
	• A árvore genealógica 62	
	• Os sobrenomes contam a história das famílias 64	
6	**A nossa escola**	70
	• Um lugar muito importante 70	
	• Escolas diferentes 71	
7	**Eu aprendo**	80
	• A escola, a família e os amigos 80	
	• Eu aprendo na escola 81	
	• Eu aprendo com a família 82	
	• Eu aprendo com os amigos 83	
8	**Datas comemorativas**	90
	• Festas escolares 90	
	• Festas familiares 92	
	• Festas coletivas 93	

ADESIVOS **97**

LIÇÃO 1

Eu sou criança

Todo mundo é diferente

Nenhuma criança é igual a você. Você é única! Vamos conhecer outras crianças?

EU SOU A ALINE. TENHO 6 ANOS. MEUS CABELOS E MEUS OLHOS SÃO CASTANHO-CLAROS. GOSTO DE SORVETE E DE DESENHAR. TAMBÉM GOSTO MUITO DE LER.

EU SOU O JONAS. TENHO 6 ANOS. MEUS CABELOS E MEUS OLHOS SÃO CASTANHO-ESCUROS. GOSTO DE JOGAR FUTEBOL. TAMBÉM GOSTO DE MATEMÁTICA.

> EU SOU A ANA TERESA. TENHO 6 ANOS. MEUS CABELOS SÃO CASTANHOS E MEUS OLHOS SÃO PRETOS. GOSTO DE SUCO DE UVA. TAMBÉM GOSTO DE APOSTAR CORRIDA COM MEUS AMIGOS.

> EU SOU O VINÍCIUS. VOU FAZER 6 ANOS NO MÊS QUE VEM. MEUS CABELOS SÃO LOIROS E MEUS OLHOS SÃO VERDES. GOSTO DE PIPOCA E DE NADAR.

Agora é a sua vez! Conte para o professor e para os colegas:

a) qual é o seu nome;
b) quantos anos você tem;
c) como você é;
d) o que você gosta de fazer.

ATIVIDADES

1 Marque com um **X** as características a seguir que ajudam a descrever como você é.

- ☐ MENINO
- ☐ MENINA
- ☐ ALTO
- ☐ BAIXO
- ☐ QUIETO
- ☐ FALANTE

- ☐ DE CABELOS LOIROS
- ☐ DE CABELOS PRETOS
- ☐ DE CABELOS CASTANHOS
- ☐ DE CABELOS RUIVOS
- ☐ DE OLHOS CLAROS
- ☐ DE OLHOS ESCUROS

2 Agora desenhe como você é: seu corpo, seu rosto, seu cabelo e seus olhos.

3 Desenhe, no espaço a seguir, sua brincadeira favorita.

4 Assinale as frases que estão corretas.

☐ EU E MEUS COLEGAS SOMOS TODOS IGUAIS.

☐ CADA CRIANÇA É DIFERENTE DA OUTRA.

☐ TODAS AS CRIANÇAS DEVEM SER RESPEITADAS.

O que você quer?

Com o professor e os colegas, leia o poema a seguir.

CRIANÇA É VIDA

BRINCANDO DE CARRINHO
OU DE BOLA DE GUDE
CRIANÇA QUER CARINHO,
CRIANÇA QUER SAÚDE.

CHUTANDO UMA BOLA
OU FAZENDO UM AMIGO
CRIANÇA QUER ESCOLA,
CRIANÇA QUER ABRIGO.

LENDO UM GIBI
OU GIRANDO UM BAMBOLÊ
CRIANÇA QUER SORRIR,
CRIANÇA QUER CRESCER.

A GENTE QUER, A GENTE QUER
A GENTE QUER SER FELIZ!
CRIANÇA É VIDA
E A GENTE NÃO SE CANSA
DE SER PRA SEMPRE UMA CRIANÇA.

ILUSTRAÇÕES: JOSÉ LUÍS JUHAS

NA HORA DO CANSAÇO
OU NA HORA DA PREGUIÇA
CRIANÇA QUER ABRAÇO,
CRIANÇA QUER JUSTIÇA.

SÉRIO OU ENGRAÇADO,
NO FRIO OU NO CALOR
CRIANÇA QUER CUIDADO,
CRIANÇA QUER AMOR.

EM QUALQUER LUGAR,
CRIANÇA QUER O QUÊ?
CRIANÇA QUER SONHAR,
CRIANÇA QUER VIVER.

A GENTE QUER,
A GENTE QUER
A GENTE QUER SER FELIZ!
CRIANÇA É VIDA
E A GENTE NÃO SE CANSA
DE SER PRA SEMPRE UMA CRIANÇA.

L. MACEDO E F. SALEM. CRIANÇA É VIDA. IN: *TEORIAS DA APRENDIZAGEM*. CURITIBA: IESDE, 2003. P. 8.

No poema, os autores dizem que criança quer carinho, escola, entre outras coisas.

- E você, o que quer para ser feliz? Conte para os colegas e para o professor.

ATIVIDADES

1 Com base no poema das páginas anteriores, cite três desejos de uma criança.

1. _____.

2. _____.

3. _____.

2 De quais brincadeiras citadas no poema você gosta?

_____
_____
_____

3 Desenhe, no espaço a seguir, o que você gostaria que acontecesse para tornar sua vida mais feliz.

4 Converse com seus familiares para descobrir algumas informações sobre você quando era bebê. Depois, complete a ficha a seguir.

Quando nasci, eu pesava: _____.

Quando nasci, eu media: _____.

Quem escolheu meu nome foi: _____.

A primeira palavra que falei: _____.

Meu brinquedo preferido quando era bebê: _____
_____.

Quando era bebê gostava mais de comer:_____
_____.

5 Apresente ao professor e aos colegas as informações que conseguiu reunir sobre você. Depois, responda:

a) Você e seus colegas têm alguma informação que seja igual?

_____

_____

b) E quais são diferentes?

_____

_____

Como é seu jeito de ser?

Não é só nas características físicas que somos diferentes uns dos outros. O jeito de ser de cada um também nos torna pessoas únicas e especiais.

Leia o poema a seguir.

EU

EU FAÇO TUDO IGUAL ÀS OUTRAS CRIANÇAS.
EU ACORDO. EU DURMO.
EU COMO. EU BEBO.
EU SONHO. EU ESQUEÇO.
EU BRINCO. EU BRIGO.

EU FAÇO TUDO DIFERENTE DAS OUTRAS CRIANÇAS.
QUANDO EU ACORDO, EU VIRO DE UM LADO.
QUANDO EU DURMO, EU COÇO ESSE OLHO.
QUANDO EU COMO, EU APERTO ESSE DENTE.
QUANDO EU BEBO, MINHA GARGANTA FAZ ASSIM.
QUANDO EU SONHO, NEM EU ENTENDO.
QUANDO EU ESQUEÇO, EU NÃO ME LEMBRO.
QUANDO EU BRINCO, EU BRIGO.
QUANDO EU BRIGO, EU BRINCO.

EU SOU IGUAL A TODAS AS CRIANÇAS,
E DIFERENTE TAMBÉM.
E TENHO UMA HISTÓRIA, DESDE QUE EU NASCI:
ESSA HISTÓRIA QUE EU CONTEI DE MIM.

TEXTO ESCRITO PELO PROFESSOR ALEXANDRE RABELO, ESPECIALMENTE PARA ESTA OBRA.

ILUSTRAÇÕES: JOSÉ LUIS JUHAS

ATIVIDADES

1 Complete as informações sobre você.

Quando acordo, eu

_____.

Quando brinco, eu

_____.

Quando durmo, eu

_____.

2 Desenhe, no espaço a seguir, uma atividade que você faz todos os dias.

3 Agora, troque seu desenho com um colega. Conversem sobre os desenhos de vocês e responda oralmente ao que se pede.

- O que você faz igual ao seu colega?
- E o que você faz de diferente?

EU GOSTO DE APRENDER

Com o professor, leia o que você estudou nesta lição.

- Toda criança tem uma história.
- As crianças são diferentes.
- As diferenças podem ser nas características físicas e no jeito de ser.
- Todas as crianças devem ser respeitadas.

ATIVIDADES

1 Responda às questões a seguir com informações sobre você.

- Minha cor preferida é: _____

  _____.

- Minha brincadeira preferida é: _____

  _____.

- Minha comida preferida é: _____

  _____.

2 Junte-se a dois colegas e pergunte a eles:

| QUAL É SUA COR PREFERIDA? | QUAL É SUA BRINCADEIRA PREFERIDA? | QUAL É SUA COMIDA PREFERIDA? |

3 Anote as preferências dos seus colegas nas fichas a seguir.

Nome do colega: _____.

Cor preferida: _____.

Brincadeira preferida: _____.

Comida preferida: _____.

Nome do colega: _____.

Cor preferida: _____.

Brincadeira preferida: _____.

Comida preferida: _____.

4 Compare suas respostas com as dos colegas. Depois, marque com um **X** o quadro correspondente.

☐ TEMOS OS MESMOS GOSTOS.

☐ TEMOS ALGUNS GOSTOS IGUAIS E OUTROS DIFERENTES.

☐ TEMOS GOSTOS DIFERENTES.

EU GOSTO DE APRENDER

Brincadeiras do passado e do presente

Nestas fotos, você pode ver crianças brincando há muito tempo e nos dias de hoje.

Crianças brincando com bola na rua, Brasília, Distrito Federal, 1976.

Crianças brincando com jogos eletrônicos, 2015.

Quando seus avós eram crianças, não havia *videogames*, celulares nem *tablets*. As crianças se divertiam com outros tipos de brincadeiras e brinquedos. Muitas dessas brincadeiras continuam existindo, por exemplo, pular corda, esconde--esconde, roda e amarelinha.

ATIVIDADES COMPLEMENTARES

1 Releia o texto da página anterior e responda.

a) Você brinca com alguma dessas brincadeiras antigas? Qual? _____

b) Quais brincadeiras existiam antigamente e ainda existem nos dias de hoje? _____.

c) Quais brincadeiras não existiam antigamente?

_____.

2 Observe a pintura de um artista francês que visitou o Brasil há muito tempo.

Meninos brincando de soldados (1827), de Jean-Baptiste Debret. Aquarela, 15,3 cm × 21,6 cm.

MUSEUS CASTRO MAYA - IPHAN/MINC

- Marque com um **X** o nome da brincadeira representada nessa pintura.

☐ ESCONDE-ESCONDE.

☐ BRINCAR DE SOLDADO.

☐ CABRA-CEGA.

☐ CASINHA.

LIÇÃO 2

Eu tenho tempo

Todos temos uma história

Fabíola queria conhecer a história de sua mãe. Por isso, a mãe dela mostrou-lhe algumas fotos.

1 Mãe de Fabíola com 1 ano de idade.

2 Mãe de Fabíola com 7 anos de idade.

3 Mãe de Fabíola com 13 anos de idade.

4 Mãe de Fabíola com 19 anos de idade.

5 Mãe de Fabíola com 25 anos de idade.

6 Mãe de Fabíola com 31 anos de idade, quando Fabíola completou 1 ano.

Pelas imagens você pode perceber que o tempo passou e a mãe de Fabíola foi crescendo e se modificando. Quando tinha 1 ano de idade a mãe de Fabíola não fazia muita coisa sozinha. Ela precisava de ajuda para comer, tomar banho e estava aprendendo a andar. Quando tinha 7 anos, alimentava-se e andava sozinha e já sabia ler e escrever.

1. Fabíola aparece em qual das fotos da página anterior? Com quem ela está?

2. Fabíola nasceu no ano em que sua mãe fez 30 anos. A mãe de Fabíola fará 36 anos neste ano. Quantos anos Fabíola completará neste mesmo ano?

Observe as fotos a seguir. Elas mostram com quantos anos algumas crianças aprenderam a comer, a andar e a escrever o nome delas.

- Igor aprendeu a comer papinha com 6 meses de idade.

- Taís conseguiu andar com 1 ano de idade.

- Júlia escreveu seu nome pela primeira vez com 4 anos de idade.

ATIVIDADES

1 Coloque as fotos do álbum de Lucas em ordem, numerando-as.

Lucas com 5 anos de idade.

Lucas recém-nascido.

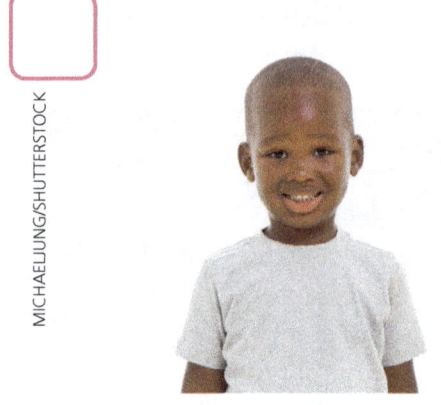

Lucas com 4 anos de idade.

Lucas com 6 meses.

Lucas com 3 anos de idade.

Lucas com 1 ano de idade.

2 Com a ajuda de alguém de sua família, escreva que idade você tinha quando aprendeu a realizar algumas atividades.

a) Aprendi a comer sozinho com _____.

b) Eu aprendi a andar com _____.

c) Eu aprendi a falar com _____.

d) Eu aprendi a escrever meu nome com _____.

3 Quem ensinou você a realizar essas atividades? Você tem fotos desses momentos? Cole-as aqui.

Linha do tempo de sua vida

Você se desenvolveu com o passar do tempo: cresceu, aprendeu coisas novas e conheceu outras crianças e pessoas adultas.

Veja como Yasmin cresceu em seis anos.

1 ano.   2 anos.   4 anos.   6 anos.

A linha do tempo de sua vida representa a história do que você viveu desde seu nascimento. Em cada parte dela estão registrados momentos importantes de sua vida.

ATIVIDADES

1 Escolha um acontecimento importante em cada ano de sua vida para desenhar e pintar.

- Eu com 1 ano.

- Eu com 2 anos.

- Eu com 3 anos.

- Eu com 4 anos.

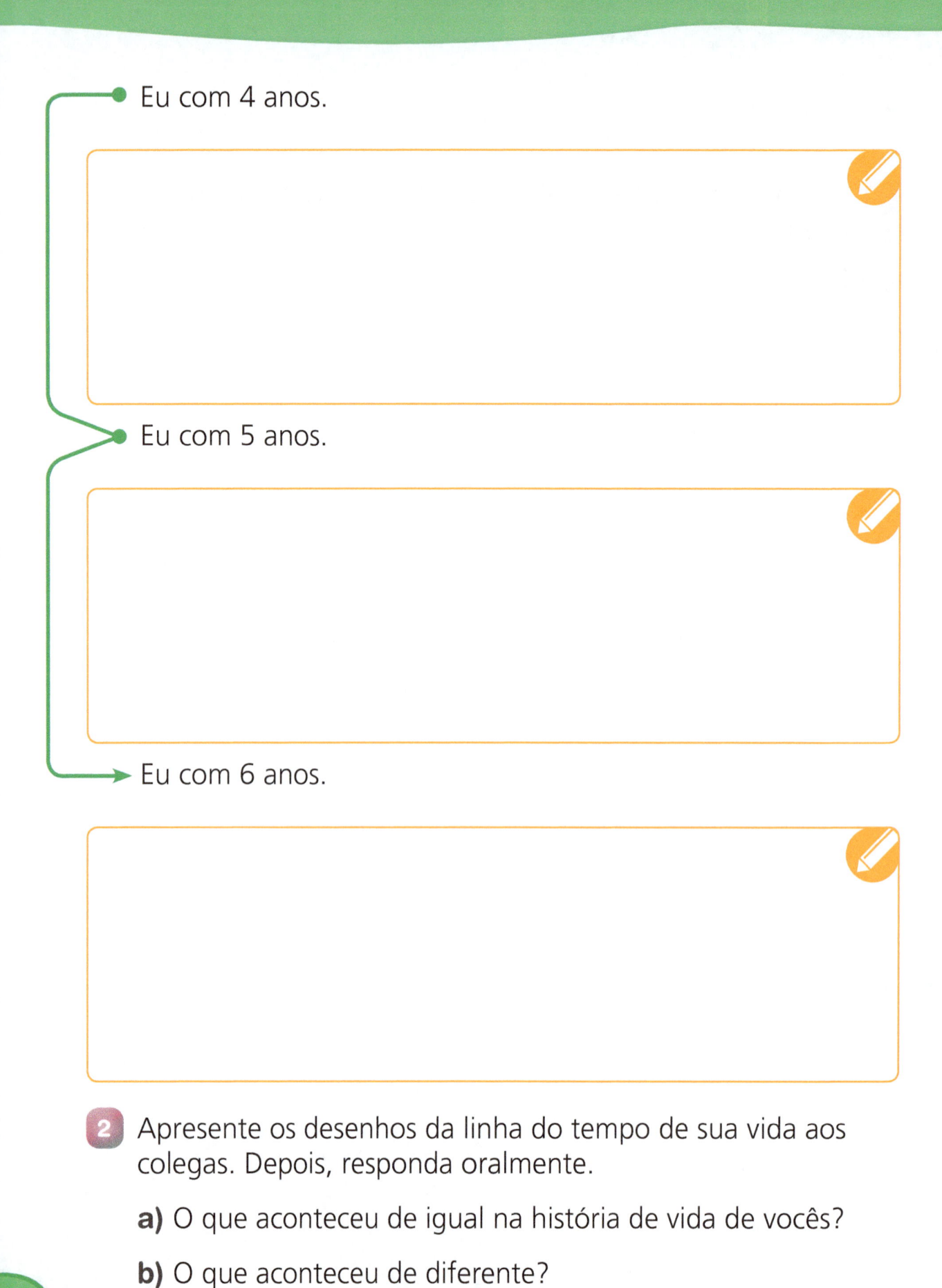

- Eu com 5 anos.

- Eu com 6 anos.

2 Apresente os desenhos da linha do tempo de sua vida aos colegas. Depois, responda oralmente.

    a) O que aconteceu de igual na história de vida de vocês?

    b) O que aconteceu de diferente?

A infância

Ao longo da vida, o ser humano passa por diferentes fases: infância, adolescência, fase adulta e velhice.

Na infância, quase todos os dias, aprende-se a fazer uma coisa nova. É na infância também que mais se precisa de cuidado. Por isso, os adultos estão sempre de olho nas crianças, ajudando-as nas tarefas mais difíceis e observando se elas não correm nenhum perigo.

As crianças têm o direito de brincar, estudar, praticar esportes e outras atividades que ajudem no seu desenvolvimento.

ILUSTRAÇÕES: JOSÉ LUIS JUHAS

- O que você já sabe fazer sozinho? E em quais atividades precisa de ajuda?

A infância de outros tempos

Ser criança antigamente não era como hoje em dia. Em outros tempos, as crianças eram tratadas como adultos. Participavam das mesmas atividades dos adultos e também se vestiam iguais a eles. Muitas delas, inclusive, trabalhavam como os adultos.

Antigamente, as crianças eram vistas como adultos em tamanho menor. Na foto, as crianças do Colégio Santo Antônio Maria Zaccarias, do Rio de Janeiro, vestiam-se com roupas que hoje consideramos inadequadas para as atividades infantis, pois dificultam os movimentos, como pular e correr. Foto de 1958.

- Como você gosta de se vestir?
- Quem escolhe suas roupas é você ou um adulto?

ATIVIDADES

1 A infância de hoje é igual à de antigamente? Justifique sua resposta.

_____
_____
_____

2 Observe as imagens a seguir. Depois responda ao que se pede.

a) Marque um **X** na atividade que não é adequada a uma criança.

b) Na sua opinião, por que essa atividade não é adequada a uma criança?

_____
_____
_____

EU GOSTO DE APRENDER

Leia o que você estudou nesta lição.

- As pessoas crescem e se modificam à medida que o tempo passa.
- Aprendemos a fazer coisas novas com o passar do tempo.
- A linha do tempo serve para registrar acontecimentos.
- As pessoas têm histórias de vida diferentes.
- As crianças têm o direito de brincar, estudar e praticar esportes.
- No passado, a infância era bem diferente de como é hoje.

ATIVIDADES

1. Desenhe uma atividade que você aprendeu a realizar há pouco tempo.

2 Observe as ilustrações de alguns momentos na vida de Paulo, desde os 6 anos de idade até ele ficar adulto.

- Numere as ilustrações, colocando-as na ordem correta.

- Destaque os adesivos do final do livro e cole-os na ordem correta.

1.

2.

3.

4.

EU GOSTO DE APRENDER +

O dia do meu aniversário chegou!

Todos os anos fazemos aniversário. A data do aniversário é o dia e o mês em que nascemos. No aniversário, nossa idade aumenta um ano.

Aline comemorou seu aniversário com uma festa e convidou os melhores amigos.

No ano passado, José não quis uma festa de aniversário. Preferiu passear com os pais no dia em que fez 6 anos.

O dia do aniversário de cada pessoa é muito especial!

ATIVIDADES COMPLEMENTARES

1. Quando é seu aniversário?

_____

2. Faça um desenho, no espaço abaixo, ou cole uma foto mostrando como foi seu último aniversário.

- Apresente seu desenho ou sua foto para o professor e para os colegas.

LEIA MAIS

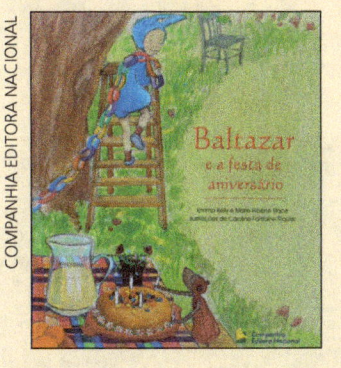

BALTAZAR E A FESTA DE ANIVERSÁRIO

EMMA KELLY E MARIE-HÉLÈNE PLACE. SÃO PAULO: COMPANHIA EDITORA NACIONAL, 2014. (COLEÇÃO OUTRAS HISTÓRIAS).

BALTAZAR FICA TRISTE QUANDO ROSA MARIA NÃO O CONVIDA PARA SUA FESTA DE ANIVERSÁRIO. QUANDO VAI DESABAFAR COM MARTIM, DESCOBRE QUE O AMIGO NUNCA TEVE UM ANIVERSÁRIO.

LIÇÃO 3

Histórias de criança

Somos iguais, mas também somos diferentes

Veja as fotos a seguir. O que você observa de comum e de diferente no jeito de ser de cada uma das crianças que aparece nas imagens?

ATIVIDADES

1 Na página anterior, você conheceu o jeito de brincar, de se vestir e de se divertir de algumas crianças. Agora, desenhe seu jeito de ser.

- Qual sua brincadeira predileta?

- Qual esporte você pratica?

- Como você gosta de se vestir?

- De que modo você vai à escola?

2 Você acha que todas as crianças são iguais? Converse com seus colegas e com o professor sobre o assunto.

O dia a dia das crianças

Você e seus amigos certamente realizam muitas atividades ao longo do dia.

Algumas dessas atividades são feitas em casa, com os familiares; outras ocorrem na escola ou em lugares que costumamos frequentar e envolvem diferentes pessoas.

Acompanhe o cotidiano de Leonardo, desde o horário em que ele acorda até quando vai dormir.

ILUSTRAÇÕES: JOSÉ LUIS JUHAS

Acorda.

Veste-se.

Toma o café da manhã.

Escova os dentes.

Vai à escola.

Almoça e descansa.

Faz as tarefas escolares.

Brinca com os amigos.

Toma banho.

Janta.

Escova os dentes.

Dorme.

ATIVIDADES

1 Preencha o quadro com algumas atividades que você faz nos períodos da manhã, da tarde e da noite.

PERÍODO	ATIVIDADES
MANHÃ	
TARDE	
NOITE	

2 Agora, reúna-se com um colega e comparem as informações. Depois, responda.

a) Quais de suas atividades são iguais às atividades de seu colega?

_____

_____

b) Quais de suas atividades são diferentes das de seu colega?

_____

_____

3 Responda.

a) Em que período do dia você tem mais atividades: de manhã, à tarde ou à noite?

_____

b) Em que período do dia você vai à escola?

_____

c) Em que período do dia você sai da escola?

_____

d) Você gostaria de modificar alguma atividade do seu dia a dia? Qual? Por quê?

_____

e) Desenhe no espaço abaixo a atividade que você mais gosta de fazer durante o dia?

_____

Os direitos das crianças

Todas as crianças têm direito a uma vida digna, saudável e feliz.

Todas as crianças devem ser respeitadas.

Para garantir esse respeito, foi criado no Brasil o Estatuto da Criança e do Adolescente (ECA).

Observe as imagens a seguir.

- Toda criança tem direito a:

ILUSTRAÇÕES: JOSÉ LUIS JUHAS

Um nome.

Uma nacionalidade.

Um lugar para morar.

Uma boa alimentação.

Uma escola para estudar.

Receber amor de sua família e de todas as pessoas.

Receber tratamento médico.

Brincar. É proibido que qualquer criança trabalhe antes dos 14 anos.

Ser tratada com carinho e proteção.

No mundo inteiro, as crianças devem ser respeitadas e protegidas!

ILUSTRAÇÕES: JOSÉ LUIS JUHAS

ATIVIDADES

1 Pinte as ilustrações dos direitos das crianças nas páginas 39 e 40 que representam situações vividas por você. Depois, responda à questão.

- Seus direitos de criança estão sendo respeitados?

_____

_____

_____

2 Faça a correspondência entre as imagens e os direitos das crianças.

A DIREITO À SAÚDE.

C DIREITO À MORADIA.

B DIREITO AO LAZER.

D DIREITO À EDUCAÇÃO.

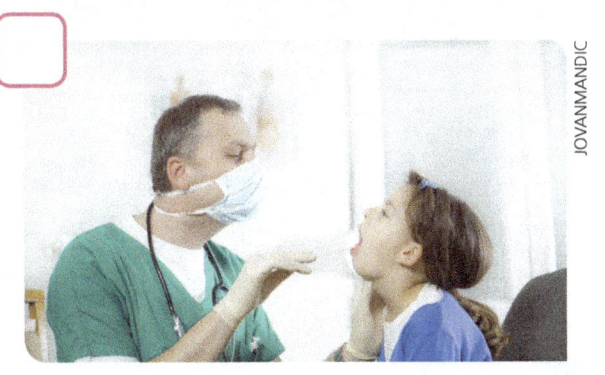

EU GOSTO DE APRENDER

Nesta lição, você estudou os seguintes assuntos:

- Apesar de as crianças compartilharem semelhanças, elas também são muito diferentes umas das outras.

- Cada criança tem um jeito de ser, de brincar, de se vestir, de se divertir etc.

- As crianças realizam muitas atividades ao longo do dia, como estudar, brincar, alimentar-se, descansar, passear etc.

- Atualmente, os direitos das crianças brasileiras estão definidos em um documento chamado Estatuto da Criança e do Adolescente (ECA).

ATIVIDADES

1. Em qual(is) foto(s) as crianças fazem algo que você também faz? Marque um **X**.

BRINCAR NO RIO.

JOGAR CAPOEIRA.

ESTUDAR.

2 Como você viu, todas as crianças do Brasil têm direitos que devem ser respeitados.

- Em qual documento estão escritos os direitos das crianças brasileiras?

　_____

　_____

3 Leia novamente alguns dos direitos das crianças brasileiras nas páginas 39 e 40 e responda.

a) Quais são os direitos que você considera mais importantes?

　_____

　_____

b) Faça um desenho para representá-los.

EU GOSTO DE APRENDER+

Coisas diferentes que as crianças orientais fazem

Os hábitos das crianças – e dos adultos também – mudam conforme o lugar onde vivem e as tradições de cada povo.

As crianças orientais, que vivem no Japão ou na Tailândia, por exemplo, aprendem certos hábitos que, em geral, as crianças brasileiras não possuem, como agradecer, antes e depois das refeições, a todas as pessoas e todos os seres vivos que contribuíram para que aquela comida existisse.

Antes de começar a comer, as crianças japonesas juntam as mãos, inclinam a cabeça e dizem *itadakimasu*, que significa "recebo humildemente". Quando terminam a refeição, falam: *gochisosama deshita*, que quer dizer "obrigado por essa refeição".

Elas não precisam estar perto de quem fez a comida; isso é apenas um ritual para lembrar que sempre devemos agradecer o que recebemos.

Elas pensam nos seres vivos que deram suas vidas para que alguém se alimentasse, como aves, vacas, peixes, plantas etc., e também em todos os trabalhadores necessários para a preparação da refeição, como pescadores, agricultores, comerciantes, cozinheiros etc.

Crianças em agradecimento antes da refeição na Tailândia, 2014. As crianças tailandesas têm o hábito de agradecer antes e depois das refeições.

ATIVIDADES COMPLEMENTARES

1 Marque um **X** na frase que define o assunto tratado no texto.

☐ OS HÁBITOS DAS CRIANÇAS ORIENTAIS SÃO SEMELHANTES AOS DAS CRIANÇAS BRASILEIRAS.

☐ OS HÁBITOS ALIMENTARES DAS CRIANÇAS ORIENTAIS.

☐ ENTRE AS CRIANÇAS ORIENTAIS É HÁBITO AGRADECER ANTES E DEPOIS DAS REFEIÇÕES.

2 Quando as crianças orientais agradecem a refeição, esse agradecimento é destinado a muitas pessoas. Em seu caderno, complete a lista a seguir.

As crianças orientais agradecem a:

- quem plantou os vegetais da refeição;
- quem cozinhou o alimento.

LEIA MAIS

SOMOS AMIGOS

EDGAR POÇAS. SÃO PAULO: COMPANHIA EDITORA NACIONAL, 2014.

ESTE LIVRO ABORDA O TEMA DA AMIZADE E COMO É IMPORTANTE TER AMIGOS DE VERDADE.

LIÇÃO 4

Eu tenho uma família

Cada família tem sua história

Toda pessoa faz parte de uma **família**. E cada família tem uma história.

Esta é a família de Luciano, um menino de 6 anos. O pai dele se chama Leonardo, e a mãe, Júlia. O irmão mais velho de Luciano é o Vítor. Luna é a cachorrinha da família.

Luciano é o mais novo da família.

Existem também outras pessoas que fazem parte da família de Luciano. Essas pessoas são **parentes** dele, como os avós, os tios, as tias, os primos e as primas. Ele adora visitar seus avós, Marcelo e Tereza.

Marcelo e Tereza são os avós de Luciano.

As famílias são diferentes

Nem sempre o pai, a mãe e os filhos vivem juntos na mesma casa.

Às vezes, os filhos moram apenas com o pai, ou apenas com a mãe, ou ainda com os avós, com os tios ou com outros parentes.

Algumas famílias são formadas por madrasta, padrasto e irmãos postiços. Há também os casais que adotam filhos.

Larissa mora com o pai dela.

Daniel mora com a mãe dele.

Luana foi adotada por Márcio e Catarina. Eles formam uma família.

As crianças que vivem em orfanato formam outro tipo de família.

ATIVIDADES

1 Como é sua família? Desenhe, no espaço a seguir, você com as pessoas com quem mora.

2 Pinte apenas os círculos e depois leia a frase que eles formam juntos.

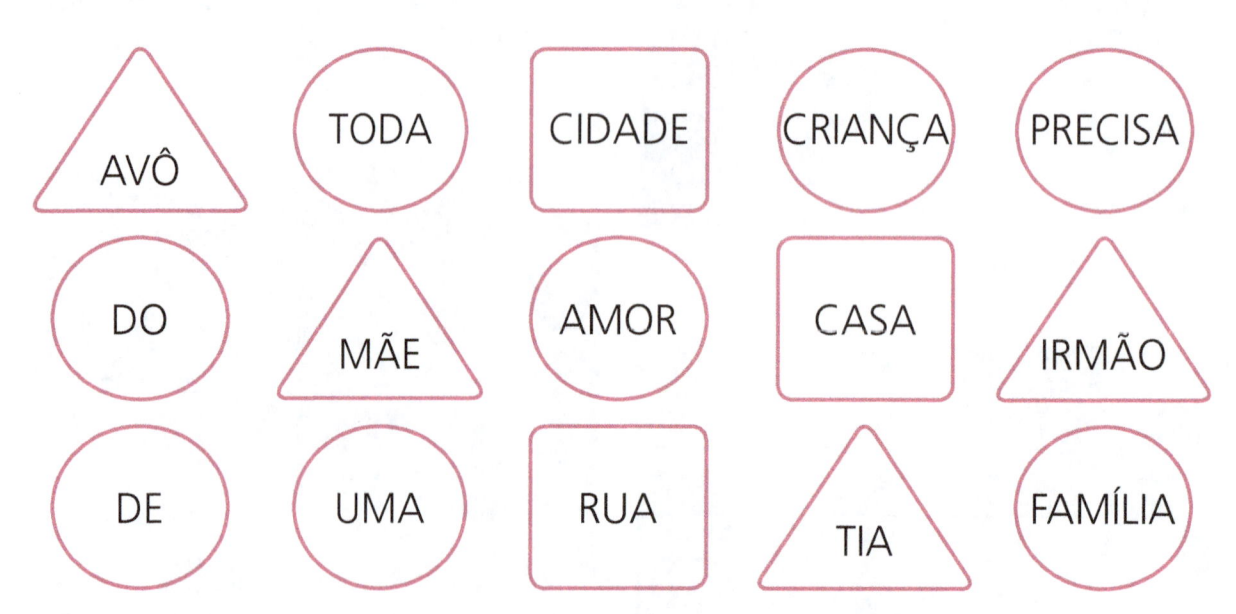

△ AVÔ ◯ TODA ☐ CIDADE ◯ CRIANÇA ◯ PRECISA

◯ DO △ MÃE ◯ AMOR ☐ CASA △ IRMÃO

◯ DE ◯ UMA ☐ RUA △ TIA ◯ FAMÍLIA

3 Escreva aqui a frase que você formou ao pintar os círculos.

48

4 Com a ajuda das pessoas que cuidam de você, complete.

a) Meu avô paterno chama-se:

_____.

b) Minha avó paterna chama-se:

_____.

c) Meu avô materno chama-se:

_____.

d) Minha avó materna chama-se:

_____.

e) Meus tios, irmãos do papai, são:

_____

_____.

f) Meus tios, irmãos da mamãe, são:

_____

_____.

g) Meus primos, filhos dos meus tios, são:

_____

_____.

Viver em família

Você já deve ter percebido que todas as pessoas fazem diversas atividades em casa. Essas atividades são necessárias para que a família possa viver em um ambiente limpo e saudável.

Os pais cuidam dos filhos, levando-os à escola, ao médico, para passear e se divertir. Em casa, é preciso cozinhar, lavar a louça e a roupa e limpar os cômodos.

As crianças podem e devem ajudar nas tarefas de casa. É muito importante que você ajude os adultos, cuidando bem do que é seu, guardando os brinquedos, arrumando a cama, as roupas e o quarto.

Há famílias em que o pai é quem cuida da casa enquanto a mãe trabalha fora.

As crianças também podem ajudar nas tarefas de casa cuidando de suas coisas e guardando os brinquedos, por exemplo.

Crianças e pais também se divertem muito.

ATIVIDADES

1 Destaque e cole, no espaço a seguir, os adesivos do final do livro. São imagens que mostram como cada membro da família pode ajudar nas tarefas do dia a dia ou se divertir com os demais.

AJUDAR NAS TAREFAS DO DIA A DIA	DIVERTIR-SE COM A FAMÍLIA

2 Marque um **X** nas tarefas domésticas que você costuma realizar.

☐ ARRUMO A CAMA.

☐ CUIDO DO ANIMAL DE ESTIMAÇÃO.

☐ GUARDO MINHAS ROUPAS.

☐ RECOLHO A MESA.

☐ GUARDO MEUS BRINQUEDOS.

☐ LAVO A LOUÇA.

☐ CUIDO DAS PLANTAS.

☐ GUARDO A LOUÇA.

☐ CUIDO DOS MEUS IRMÃOS.

3 Pinte os quadrados ao lado das frases que explicam melhor como devemos viver em família.

☐ OS PAIS DEVEM CUIDAR BEM DOS FILHOS.

☐ OS IRMÃOS PODEM BRIGAR MUITO.

☐ A FAMÍLIA DEVE VIVER COM AMOR.

☐ PAI E MÃE NÃO PRECISAM SE ENTENDER.

☐ OS FILHOS DEVEM OBEDECER AOS PAIS E RESPEITÁ-LOS.

4 Leia o poema.

DE MAL, DE BEM...

A FAMÍLIA É COMO UMA ÁRVORE
QUE NASCE DE UMA SEMENTE.
ELA CRESCE E SE ESPALHA
PELO CORAÇÃO DA GENTE.

OS IRMÃOS ÀS VEZES BRIGAM.
PAI E MÃE SE DESENTENDEM
MAS DEPOIS TODOS SE LIGAM:
DAS OFENSAS SE ARREPENDEM.

EVELYN HEINE. *POESIAS PARA CRIANÇAS* – FAMÍLIA. BLUMENAU: BRASILEITURA, [S.D.].

- Com o que a família do poema foi comparada? Faça um desenho que represente sua resposta.

EU GOSTO DE APRENDER

Leia o que você estudou nesta lição.

- Todas as pessoas fazem parte de uma família e cada família tem uma história.

- Há famílias em que os filhos moram apenas com o pai, com a mãe, com os avós ou com outros parentes.

- Todas as pessoas da família devem se responsabilizar pelas tarefas da casa.

- As crianças também podem ajudar cuidando de suas coisas, guardando os brinquedos e mantendo o quarto em ordem.

ATIVIDADES

1. Faça desenhos para representar como as famílias podem ser.

FAMÍLIA 1	FAMÍLIA 2

2 Marque um **X** nos quadrados ao lado das frases corretas.

☐ AS TAREFAS DA CASA SÃO DE RESPONSABILIDADE DE TODOS QUE NELA MORAM. NÃO EXISTEM TAREFAS EXCLUSIVAS PARA DETERMINADO SEXO.

☐ EM CASA, APENAS A MÃE E AS IRMÃS DEVEM FAZER A LIMPEZA.

☐ TODAS AS PESSOAS DA FAMÍLIA DEVEM AJUDAR EM CASA.

☐ O PAI NUNCA DEVE FAZER TRABALHOS DOMÉSTICOS.

☐ QUANDO TODOS AJUDAM EM CASA, HÁ MAIS TEMPO PARA DIVERSÃO E DESCANSO.

3 Complete as frases com as palavras em destaque.

| AVÓS | TIOS | NETOS | PRIMOS |

a) Os irmãos de meu pai e de minha mãe são

meus _____.

b) Os filhos dos irmãos de meu pai e de minha mãe são

meus _____.

c) Os pais do meu pai e os pais da minha mãe são

meus _____.

d) Quando eu crescer e tiver filhos, eles serão os

_____ dos meus pais.

EU GOSTO DE APRENDER +

Famílias de hoje e famílias de antigamente

Nestas fotos, você pode ver uma família no Brasil muito tempo atrás e outra nos dias de hoje.

Família do coronel José Pereira de Jesus na Fazenda do Oriente, em Minas Gerais, por volta de 1890.

A família do Lucas é formada por ele, seu pai, André, e sua mãe, Fabiana.

Hoje as famílias, em geral, não são tão grandes quanto a família do coronel José Pereira de Jesus. Em casa, é cada vez mais comum que todos ajudem nas tarefas.

Antigamente, as famílias eram diferentes. Costumavam ser bem grandes: os pais tinham muitos filhos e havia o costume de primos, primas, tios, tias e avós morarem todos juntos. Os homens, em geral, não se dedicavam às tarefas domésticas. Essas tarefas ficavam por conta das mulheres.

ATIVIDADES COMPLEMENTARES

1 Pinte o retângulo com a resposta correta.

- As famílias atuais são diferentes das famílias de antigamente porque

TÊM MENOS FILHOS.   TÊM MAIS FILHOS.

2 Leia a frase e corrija, se estiver errada.

- O pai sempre ajudou nas tarefas domésticas, tanto nas famílias antigas como nas atuais.

_____
_____
_____

3 Observe a foto e marque um **X** nas características que descrevem melhor a família retratada.

☐ É UMA FAMÍLIA ANTIGA.

☐ É UMA FAMÍLIA ATUAL.

☐ É UMA FAMÍLIA IGUAL ÀS FAMÍLIAS DE HOJE.

☐ É UMA FAMÍLIA DIFERENTE DAS FAMÍLIAS DE HOJE.

Família de Manaus, Amazonas, por volta de 1905.

LIÇÃO 5

Todo mundo tem uma família

Cada família tem sua história

A família é a primeira comunidade da qual fazemos parte. Comunidade é um grupo de pessoas que tem interesses e objetivos comuns.

O pai, a mãe, os filhos e outros parentes formam uma família e também uma comunidade.

Além da família, geralmente participamos de outras comunidades: a escola, o condomínio ou a rua onde moramos, o bairro, o clube e muitas outras.

Família indígena Kaiapó na aldeia Mojkarako, em São Felix do Xingu, Pará, 2016.

Família reunida em Teofilândia, Bahia, 2015.

Pai com a filha no colo posa para foto em frente de casa, em São Joaquim, Santa Catarina, 2016.

Mãe e filha afrodescendentes da comunidade quilombola, em Cabo Frio, Rio de Janeiro, 2015.

ATIVIDADES

1 Encontre no diagrama o nome do grau de parentesco de algumas pessoas que fazem parte de sua família.

R	P	O	D	E	T	M	I	R	M	Ã	O
S	A	V	Ó	I	I	E	Ã	T	E	G	A
D	I	Z	O	I	O	O	H	E	L	M	E

2 Observe os tipos de família e faça a correspondência.

A — MARCELA MORA COM SUA AVÓ.

B — CÉSAR MORA COM OS PAIS E OS IRMÃOS. A FAMÍLIA DELE É NUMEROSA.

C — BRUNA E BRENO MORAM COM O PAI, POIS A MÃE DELES SE CASOU NOVAMENTE.

D — SOFIA E PEDRINHO MORAM COM OS PAIS.

As famílias não são todas iguais

As famílias foram mudando ao longo do tempo.

Antigamente, a maioria das famílias era formada por pai, mãe e filhos e havia também os agregados. Essas famílias eram bem numerosas.

Hoje, há famílias que são muito diferentes daquelas de antigamente. Há famílias pequenas e outras grandes. Há famílias formadas apenas por mães e os filhos, ou por pais e os filhos.

Há famílias em que os membros possuem diferentes características físicas. Por exemplo, uns são altos, e outros, baixos; uns possuem a pele mais clara, e outros, a pele mais escura; uns têm cabelos cacheados, e outros, cabelos lisos.

Observe a imagem a seguir.

A família (1925), de Tarsila do Amaral. Óleo sobre tela, 79 cm × 101,5 cm.

O quadro que a pintora Tarsila do Amaral fez mostra uma família do passado, com os muitos membros que a compunham. Um detalhe na obra indica a presença também dos animais de estimação.

ATIVIDADES

1 Observe o quadro da página anterior e complete as frases.

a) O título do quadro é _____.

b) Foi pintado pela artista _____.

c) O ano em que ela fez o quadro foi _____.

2 Como é a família retratada pela artista Tarsila do Amaral?

_____
_____
_____

3 Com relação às características físicas, como é a família do quadro?

_____
_____
_____

4 E sua família, como é? Todos possuem as mesmas características físicas?

_____

5 E a família do seu colega ao lado, como é? Todas as pessoas são parecidas?

_____

A árvore genealógica

A árvore genealógica é um esquema usado para representar os membros de uma família, desde os mais antigos, como seus bisavós e seus avós, até os mais recentes, como você e seus irmãos.

A árvore genealógica ajuda a entender um pouco mais da história de nossas famílias e também a perceber as diferenças e as semelhanças entre as gerações.

JOSÉ LUÍS JUHAS

Geração é o conjunto de pessoas de uma mesma idade. Seus avós maternos e paternos fazem parte de uma geração. Seus pais e seus tios fazem parte de outra geração. Você e seus colegas de sala formam uma geração.

ATIVIDADES

1 Cole fotos ou desenhe seus familiares nesta árvore genealógica.

AVÔ PATERNO   AVÓ PATERNA   AVÓ MATERNA   AVÔ MATERNO

PAI   MÃE

EU

ILUSTRAÇÕES: JOSÉ LUIS JUHAS

2 Agora, escreva o nome de cada um deles.

_____

_____

_____

63

Os sobrenomes contam a história das famílias

Outra maneira de conhecermos a história de uma família é pelo sobrenome dos parentes.

Antigamente, para se identificarem, as pessoas começaram a usar sobrenomes. Assim, se a pessoa morava perto de uma árvore, poderia adotar como sobrenome o nome dessa árvore. Desse modo, surgiram sobrenomes como "Silva" (que veio de "selva", ou seja, "floresta"), "Figueira" (a árvore que dá figo) e "Oliveira" (a árvore que dá azeitona).

Figueira, Mato Grosso, 2012.

Oliveira, Itália, 2011.

Os sobrenomes também podiam indicar a profissão de alguém da família, como "Ferreira" (que trabalhava com o ferro).

Outro costume era escolher um sobrenome que lembrasse o nome ou a aparência dos pais. "Fernandes", por exemplo, significava "filho de Fernando", e Mariano, "filho de Maria". Já "Barbosa" significava que o pai tem longa barba.

ATIVIDADES

1 Qual é a importância de cada um conhecer o nome e o sobrenome?

_____

_____

- Escreva seu nome completo, com nome e sobrenome. Se precisar, peça a ajuda de alguém da família.

_____

2 Vamos descobrir a origem de mais alguns sobrenomes. Leia os quadrinhos e identifique o significado dos sobrenomes.

| 1 | Nunes. | 2 | Monteiro. | 3 | Pereira. |

☐ CAÇADOR DOS MONTES.

☐ ÁRVORE QUE DÁ A PERA.

☐ FILHO DE NUNO.

3 Pesquise, com seus familiares, a origem e o significado de seu sobrenome.

_____

_____

_____

- Compartilhe os resultados de sua pesquisa com os colegas.

EU GOSTO DE APRENDER

Leia o que você estudou nesta lição.

- Cada família possui sua história. E cada família é uma comunidade.
- No passado, as famílias, em geral, eram bem grandes, com muitos filhos.
- No presente, há famílias grandes e pequenas; há também famílias em que as pessoas são parecidas fisicamente e outras em que as pessoas são bem diferentes umas das outras.
- Árvore genealógica é um esquema usado para representar os membros de uma família e ajuda a entender a história das famílias.
- As famílias identificam-se pelos sobrenomes, que passam de pais para filhos e podem ter os mais variados significados, como nomes de árvores, profissões etc.

ATIVIDADES

1 Coloque **C** se a frase estiver certa e **E** se estiver errada.

☐ A FAMÍLIA É A PRIMEIRA COMUNIDADE DA QUAL FAZEMOS PARTE.

☐ AS FAMÍLIAS SÃO TODAS IGUAIS.

☐ NO PASSADO, AS FAMÍLIAS TINHAM O MESMO NÚMERO DE INTEGRANTES QUE AS FAMÍLIAS DO PRESENTE.

☐ OS SOBRENOMES CONTAM A HISTÓRIA DAS FAMÍLIAS.

2 Leia este texto sobre Mariana e, depois, desenhe a árvore genealógica dela.

A FAMÍLIA DE MARIANA

MARIANA, ALÉM DA MÃE E DA AVÓ, TEM BISAVÓ E TRISAVÓ VIVAS! SUA MÃE SE CHAMA TERESA OLIVEIRA; SUA AVÓ, MARIA OLIVEIRA; A BISA É DONA ALBERTINA PEREIRA; E A TRISA SE CHAMA MARISA PONTES.

INFELIZMENTE, O AVÔ, O BISAVÔ E O TRISAVÔ MATERNOS DE MARIANA JÁ FALECERAM: OS SENHORES PAULO OLIVEIRA, RENATO PEREIRA E ANTÔNIO PONTES.

PELO LADO PATERNO, MARIANA SÓ CONHECEU SEUS AVÓS EDUARDO E SÍLVIA OLIVEIRA, PAIS DE JOSÉ OLIVEIRA, SEU PAI. O ENGRAÇADO É QUE O SOBRENOME "OLIVEIRA" FAZ PARTE TANTO DA FAMÍLIA DO PAI COMO DA FAMÍLIA DA MÃE!

EU GOSTO DE APRENDER +

Um pintor brasileiro

O artista Almeida Júnior foi um importante pintor brasileiro. Ele nasceu em Itu e morreu em Piracicaba, cidades do interior do estado de São Paulo.

Em suas pinturas, o artista gostava de representar pessoas comuns, como mulheres, homens e crianças.

Cena de família de Adolfo Augusto Pinto (1891), de Almeida Júnior. Óleo sobre tela, 106 cm × 137 cm.

PINACOTECA DO ESTADO DE SÃO PAULO

Almeida Júnior nasceu em 8 de maio de 1850. Em homenagem a ele, nesse dia é comemorado o Dia do Artista Plástico Brasileiro.

No quadro desta página, Almeida Júnior retratou uma família em seus momentos de lazer, em casa.

ATIVIDADES COMPLEMENTARES

1. Descreva o quadro de Almeida Júnior. Converse com os colegas sobre o que você vê.

2 Como você concluiu que o quadro mostra uma família?

_____

_____

3 Em sua opinião, o quadro transmite que tipos de sentimento? Circule.

| AMOR | TRISTEZA | AMIZADE |

| CARINHO | UNIÃO | RAIVA |

4 Nesse quadro de Almeida Júnior está representada uma família:

☐ DE UM TEMPO DISTANTE.

☐ DE UM TEMPO RECENTE.

5 Explique como você concluiu a resposta da atividade 4.

LEIA MAIS

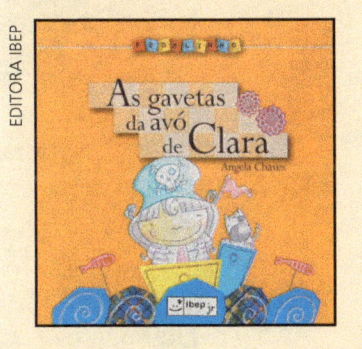

AS GAVETAS DA AVÓ DE CLARA

ANGELA CHAVES. SÃO PAULO: IBEP JR., 2014.

NA CASA DA AVÓ, CLARA DESCOBRE MUITOS TESOUROS GUARDADOS: RETRATOS, BROCHES, CARTAS, LEMBRANÇAS, SURPRESAS E SEGREDOS. POR MEIO DESSAS DESCOBERTAS, CLARA CONHECE A PRÓPRIA HISTÓRIA.

LIÇÃO 6

A nossa escola

Um lugar muito importante

A escola é um lugar de estudo, de convivência e de trabalho. Frequentar a escola é um direito de todas as crianças.

Muitas pessoas trabalham na escola, como o diretor, o professor, o porteiro, o coordenador etc.

Além de estudar e aprender, na escola conhecemos pessoas e fazemos amizades.

Na escola, é muito importante que as pessoas se respeitem e colaborem para que todos se sintam bem.

Sala de aula na escola do povoado de Vargem Funda, em Santaluz, Bahia, 2018.

- O que você aprendeu de mais importante na escola até agora?

Escolas diferentes

Nas escolas de antigamente, as salas de aula eram diferentes. O mobiliário era diferente e havia turmas só de meninas ou só de meninos.

Instituto Profissional Feminino, Rio de Janeiro, 1922.

Mesmo hoje, existem diferentes tipos de escola. As escolas são construídas para atender às necessidades das crianças de cada lugar.

Nas escolas indígenas, as crianças aprendem a cultura e a língua de seu povo. Escola indígena da Aldeia do Kolulu, Amajari, Roraima, 2010.

Barco transportando crianças até a escola, em Porto Velho, Rondônia, 2009.

ATIVIDADES

1 Com a ajuda do professor, complete as frases e responda.

a) O nome da minha escola é _____

_____.

b) Ela sempre teve esse nome?

☐ SIM. ☐ NÃO.

c) Em sua escola, os alunos usam uniforme?

☐ SIM. ☐ NÃO.

d) O endereço da minha escola é _____

_____.

2 Pinte os quadros que indicam os momentos de que você mais gosta quando está na escola.

AULA DE LÍNGUA PORTUGUESA	AULA DE MATEMÁTICA	AULA DE GEOGRAFIA
AULA DE CIÊNCIAS	AULA DE HISTÓRIA	AULA DE EDUCAÇÃO FÍSICA
ATIVIDADE NO LABORATÓRIO	FILME NA SALA DE VÍDEO	HORA DO RECREIO

3 Faça um desenho da escola onde você estuda.

4 Marque um **X** em "sim" ou "não".

a) As salas de aula no passado eram iguais à sua sala de aula?

☐ SIM. ☐ NÃO.

b) No passado, as crianças usavam uniforme?

☐ SIM. ☐ NÃO.

5 Observe esta foto antiga. Depois, responda.

MUSEU DA IMAGEM E DO SOM, RIO DE JANEIRO

Alunos e professores em sala de aula, Rio de Janeiro, 1914.

a) Em qual cidade essa escola se localizava? Quando a foto foi tirada?

_____

_____

b) Os meninos e as meninas dessa escola estudavam todos juntos?

_____

c) Nessa escola, o que é diferente da escola onde você estuda?

_____

_____

d) Nessa escola, o que é semelhante à escola onde você estuda?

_____

_____

6 Na escola, as crianças têm direitos e deveres. Associe corretamente.

1 Direito. **2** Dever.

☐ FAZER AS LIÇÕES.

☐ TER UM LUGAR PARA BRINCAR.

☐ TRATAR O PROFESSOR E OS COLEGAS COM RESPEITO.

☐ TER UM LUGAR NA SALA DE AULA.

☐ CONSERVAR AS CARTEIRAS E OUTROS MATERIAIS DA TURMA.

☐ TER MATERIAL ESCOLAR, COMO LIVROS E CADERNOS.

7 Observe novamente a foto da sala de aula do povoado de Vargem Funda, na página 70, e a foto do Instituto Profissional Feminino, na página 71. Depois, responda.

a) Quais são as semelhanças entre elas?

_____

_____

b) Escreva uma diferença entre essas salas de aula.

_____

_____

_____

EU GOSTO DE APRENDER

Leia o que você estudou nesta lição.

- Na escola, aprendemos a ler, a escrever, a fazer contas, a desenhar e muitas outras coisas.

- Na escola, aprendemos a conviver com outras pessoas, a ouvir e a dar nossa opinião.

- Frequentar uma escola é um direito de todas as crianças.

- As escolas são construídas para atender às necessidades das crianças de cada lugar.

- As escolas também se modificaram ao longo da história.

- Nas escolas de antigamente, havia turmas só de meninas ou só de meninos.

ATIVIDADES

1. Preencha as colunas.

Aprendi na escola	Aprendi em casa

2 Associe o que se deseja aprender ao tipo de escola que se deve frequentar.

- **A** ESCOLA DE IDIOMAS.
- **B** ESCOLA DE CIRCO.
- **C** ESCOLA DE ESPORTES.
- **D** ESCOLA DE ENSINO FUNDAMENTAL.
- **E** ESCOLA DE MÚSICA.

- ☐ MARISA QUER MUITO APRENDER A JOGAR CAPOEIRA.
- ☐ VÍTOR FEZ 6 ANOS. AGORA, ELE VAI CURSAR O 1º ANO.
- ☐ PEDRO QUER APRENDER A FALAR E A ESCREVER EM JAPONÊS.
- ☐ BIA QUER APRENDER A SER TRAPEZISTA.
- ☐ VALENTINA QUER TOCAR EM UMA BANDA COMO BATERISTA.

3 Você conhece bem sua escola? Responda às questões a seguir.

- Quantas salas de aula existem?
- Há biblioteca?
- Há laboratório de Ciências?
- Há sala de informática?
- Há quadra de esportes?
- Há auditório?

EU GOSTO DE APRENDER

Os documentos contam a história da escola

Assim como as pessoas têm seus documentos pessoais, a escola também tem documentos que contam sua história.

Se quisermos conhecer o passado do local em que estudamos, podemos procurar boletins de alunos que estudaram ali, históricos escolares, materiais utilizados nas salas de aula, fotos antigas etc.

Cartilha de 1940.

Esses documentos ajudam a entender quais foram as mudanças ocorridas na escola, os funcionários e professores que já trabalharam nela, as reformas feitas e o perfil dos alunos.

ATIVIDADES COMPLEMENTARES

1. Se alguém quiser descobrir a história de uma escola, o que essa pessoa poderá procurar? Marque um **X** na resposta certa.

☐ A CERTIDÃO DE NASCIMENTO DOS ALUNOS.

☐ A CARTEIRA DE MOTORISTA DOS PROFESSORES.

☐ DOCUMENTOS DA ESCOLA, COMO HISTÓRICO ESCOLAR DOS ALUNOS, REGISTROS DE REUNIÃO DE PROFESSORES, ENTRE OUTROS.

☐ OS DOCUMENTOS PESSOAIS DO DIRETOR DA ESCOLA.

2 Faça uma pesquisa para descobrir o local em que são guardados os documentos de sua escola.

- Depois, faça um desenho desse local.

3 Escreva **C** se a frase estiver certa e **E** se a frase estiver errada.

☐ OS DOCUMENTOS DE UMA ESCOLA SÃO FONTES DA HISTÓRIA DESSA ESCOLA.

☐ OS DOCUMENTOS DE UMA ESCOLA PODEM SER DESCARTADOS AO FIM DE CADA ANO.

☐ FOTOS ANTIGAS DA ESCOLA AJUDAM A CONHECER UM POUCO DO PASSADO DESSE LUGAR.

LEIA MAIS

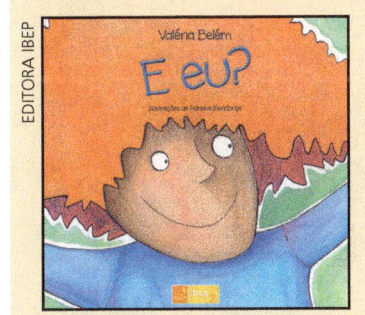

E EU?

VALÉRIA BELÉM. SÃO PAULO: IBEP JR., 2014.

EXISTE UM LUGAR EM QUE TODOS PODEM CONVIVER AMIGAVELMENTE? NESSA HISTÓRIA, A ESCOLA PODE SER ESSE LUGAR GOSTOSO EM QUE DESCOBRIMOS A ALEGRIA DE TER AMIGOS DIFERENTES DE NÓS.

LIÇÃO 7

Eu aprendo

A escola, a família e os amigos

As crianças estão sempre aprendendo.

Elas aprendem em casa e com os familiares. As crianças aprendem com os amigos, que podem ser crianças e também adultos. Aprendem na escola com os professores, com os funcionários e com os colegas.

ILUSTRAÇÕES: JOSÉ LUIS JUHAS

- Qual é o lugar onde você mais aprende? Conte aos colegas a última coisa que você aprendeu.

Eu aprendo na escola

A educação é um direito de todas as crianças. Não importa onde a criança mora, as condições financeiras da família, nem se ela apresenta qualquer tipo de limitação física.

A família, a comunidade e o governo têm obrigação de promover a educação para todas as crianças brasileiras.

É na escola que, geralmente, as crianças aprendem a ler, a escrever e a fazer contas.

Mas a escola também é lugar de aprender novas brincadeiras e a respeitar opiniões diferentes.

- O que você já aprendeu na escola este ano?

Eu aprendo com a família

Desde que nasce a criança já começa a aprender. E são os familiares as primeiras pessoas a ajudarem as crianças a aprenderem novas habilidades.

O bebê aprende com seus cuidadores a falar e a andar. Quando a criança cresce um pouco mais, ela, aos poucos, começa a aprender várias outras habilidades necessárias para seu dia a dia e que serão usadas ao longo da vida. Por exemplo, aprende a se vestir e a calçar os sapatos, a escovar os dentes, a tomar banho, a trocar de roupa, a lavar as mãos etc.

> Hábitos de higiene, como tomar banho, lavar as mãos e escovar os dentes, são muito importantes para nossa saúde!

Em família, as crianças aprendem a cuidar de seus objetos pessoais e da casa.

Os familiares também ajudam as crianças a conhecerem os costumes da família: as crenças, as festas, o tipo de comida que preferem e os hábitos de lazer.

Pais ensinando bebê a andar.

Família reunida na hora do almoço.

Eu aprendo com os amigos

Amigo é a pessoa que nos entende, que gosta de fazer atividades conosco e até com quem às vezes brigamos, mas sem nunca deixar de gostar.

Temos diferentes tipos de amigos. Eles podem ser os irmãos, os parentes, os vizinhos, os colegas de escola ou crianças que se conheceram no clube, no parque e em outros lugares.

Amigo pode ser criança, pode ser adulto.

Às vezes, os amigos têm os mesmos gostos e preferências. Outras vezes, os amigos gostam de fazer coisas bem diferentes.

ILUSTRAÇÕES: JOSÉ LUIS JUHAS

- Você tem amigos? Quem é seu melhor amigo?

ATIVIDADES

1 Observe as imagens a seguir e faça o que se pede.

a) Circule o desenho que mostra a criança aprendendo com a família.

b) Pinte o desenho que mostra a criança aprendendo com os amigos.

2 Marque um **X** nos quadrinhos que indicam o que é mais comum aprender com os amigos.

☐ FALAR E COMER USANDO TALHERES.

☐ BRINCADEIRAS.

☐ DICAS PARA FAZER A LIÇÃO DE CASA.

☐ COMO SE COMPORTAR NA CASA DE OUTRAS PESSOAS.

☐ PALAVRAS EM LÍNGUA ESTRANGEIRA.

☐ JOGAR *VIDEOGAME*.

3 Complete as frases com o nome de dois amigos e com algo que você aprendeu com cada um deles.

Com meu amigo, _____ aprendi a _____.

Com _____, aprendi a _____.

4 Escreva o nome da pessoa com quem você aprendeu a:

a) Ler: _____.

b) Andar de bicicleta: _____.

c) Amarrar os tênis: _____.

d) Comer com talheres: _____.

5 Ligue os lugares de aprender com o que se aprende.

EU GOSTO DE APRENDER

Leia com o professor o que você aprendeu nesta lição.

- As crianças aprendem o tempo todo, em todos os lugares.
- Aprendemos em casa com a família.
- Aprende-se na escola com os professores, com os funcionários e com os colegas.
- Também é possível aprender com os amigos, durante as brincadeiras.
- Os espaços de aprendizado são diferentes.

ATIVIDADE

- Procure em revistas ou na internet imagens que representem crianças aprendendo com a família, com os professores e com os amigos e faça uma colagem nos espaços a seguir. Leia as legendas para colar no lugar certo.

Em casa, aprendemos com nossos familiares.

Na escola, aprendemos com os professores, com os funcionários e com os colegas.

No parque, na pracinha, no clube e até na escola, aprendemos com nossos amigos.

LEIA MAIS

NÃO QUERO MAIS BRINCAR

TANJA WENISCH. CURITIBA: FUNDAMENTO, 2015.

CONTA A HISTÓRIA DE AMIGOS MUITO DIFERENTES, CADA QUAL COM SEUS HÁBITOS E GOSTOS. ELES BRIGAM, MAS LOGO FAZEM AS PAZES, E TODOS APRENDEM MUITO.

EU GOSTO DE APRENDER +

Como as crianças aprendiam no passado

Houve um tempo em que não havia muitas escolas no Brasil. Nessa época, apenas as crianças que pertenciam às famílias com melhores condições financeiras aprendiam a ler e a escrever.

Durante muito tempo, mesmo entre as crianças com melhores condições de vida, era bem comum que apenas os meninos fossem à escola. As meninas aprendiam em casa, com a mãe, com as irmãs mais velhas ou com uma professora contratada pela família. Essas meninas aprendiam também a bordar, a tocar piano e a cuidar da casa.

Enquanto isso, os filhos dos africanos escravizados trabalhavam nas plantações e nas colheitas e também ajudavam nos trabalhos domésticos na casa dos fazendeiros. Eles aprendiam com os pais e com outros adultos. Muitas vezes, sofriam duros castigos e violência.

As poucas escolas daquele tempo haviam sido fundadas pelos padres jesuítas. Nessas escolas, estudavam também algumas crianças indígenas, que deveriam aprender a falar a língua portuguesa e a se comportar como as crianças não indígenas. Ou seja, elas deveriam esquecer todos os hábitos e costumes que aprendiam em suas aldeias, para, então, aprender hábitos e costumes que não eram os seus.

Uma senhora brasileira em seu lar (1823), pintura do artista francês Jean-Baptiste Debret. Litografia aquarelada à mão, 16 cm × 22 cm.

ATIVIDADES

1. Sobre o que fala o texto da página anterior?

   _____
   _____

2. No período descrito no texto, as meninas e os meninos brasileiros frequentavam escolas como atualmente?

   _____
   _____

3. Como as crianças escravizadas aprendiam? E o que elas aprendiam?

   _____
   _____

4. E as crianças indígenas? Como e o que elas aprendiam?

   _____
   _____

5. Será que as crianças de que fala o texto tinham tempo para brincar? Qual é a sua opinião?

   _____
   _____
   _____

LIÇÃO 8

Datas comemorativas

Festas escolares

Na escola, você aprende um monte de coisas e, além disso, precisa seguir algumas regras e acordos de convivência, mas há sempre os momentos de diversão, nos quais você brinca e ri com seus amigos.

Na escola, você também deve ter participado de pelo menos uma festa, não é mesmo?

Em geral, nas escolas do Brasil, ao longo do ano, ocorrem algumas celebrações. Às vezes, a escola promove comemorações exclusivas para os alunos, mas há também as festas abertas à participação da família e da comunidade.

Essas festas celebram momentos especiais para a escola, para a comunidade, bem como para o país.

ATIVIDADE

- Ao longo deste ano, você deve ter participado de algumas comemorações na sua escola. Que tal preencher o calendário abaixo com as festas da escola? Você pode inserir, também, as datas de aniversário dos amigos e do professor. Vamos lá?

DATAS COMEMORATIVAS DA ESCOLA			
JANEIRO	FEVEREIRO	MARÇO	ABRIL
MAIO	JUNHO	JULHO	AGOSTO
SETEMBRO	OUTUBRO	NOVEMBRO	DEZEMBRO

Festas familiares

Além das festas da escola, você já deve ter participado de muitas festas familiares. Essas festas acontecem para celebrar momentos importantes na vida dos membros da família.

Aniversário e casamento, por exemplo, são datas comemoradas em família. Nessas ocasiões, costumamos convidar os amigos e os vizinhos.

Algumas famílias se reúnem em datas comemorativas ligadas às celebrações coletivas, como o Natal, uma festa religiosa, e o Ano-Novo, uma festa mundial que comemora a mudança de ano.

As reuniões familiares são momentos em que se fortalece o vínculo entre as pessoas. Nessas ocasiões, os mais velhos podem rememorar acontecimentos importantes ocorridos na família e compartilhar essas informações com os mais novos.

Quando um indígena morre, a aldeia em que ele vivia celebra o Quarup. Essa festa em homenagem ao morto tem música, dança e são servidos peixe e mingau de mandioca. Na foto, o tronco de árvore pintado representa uma pessoa falecida. Foto de 2016.

- Qual a festa de que você mais gosta? Por quê?

Festas coletivas

São aquelas celebrações comemoradas por muitas pessoas. Há diversos tipos de festas coletivas. Elas podem ser religiosas, cívicas e populares.

Observe a seguir alguns exemplos:

As festas religiosas são ligadas às religiões, como o Círio de Nazaré, uma das maiores festas católicas do mundo. Ela ocorre todos os anos, no segundo domingo do mês de outubro, em Belém do Pará. Foto de 2017.

As festas cívicas são comemorações históricas e estão ligadas aos acontecimentos nacionais. Por exemplo, o Dia da Independência, que ocorre no dia 7 de setembro. Nessa data, há festas em várias cidades do Brasil. Foto de 2016.

As festas populares celebram manifestações da cultura brasileira. Algumas delas acontecem em várias partes do Brasil; é o caso, por exemplo, do Carnaval. Há festas populares, porém, que são locais, ou seja, acontecem apenas em uma única região ou cidade do país. Na foto, Carnaval em Recife, Pernambuco, 2018.

- Você conhece alguma festa popular que acontece apenas na sua cidade? Qual é ela?

ATIVIDADES

1 Como é o Carnaval na cidade onde você vive?

2 Você já participou de uma festa popular na sua cidade? Faça, no espaço abaixo, um desenho para representar uma festa popular.

LEIA MAIS

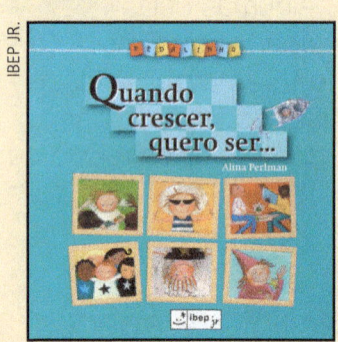

QUANDO CRESCER, QUERO SER...

ALINA PERLMAN. SÃO PAULO: IBEP JR., 2014.

"O QUE VOCÊ QUER SER QUANDO CRESCER?" LEVANTE A MÃO QUEM NUNCA OUVIU ESSA PERGUNTA! NESTE LIVRO, A TURMA JOGA CONVERSA FORA IMAGINANDO O FUTURO E SONHANDO ACORDADA.

EU GOSTO DE APRENDER

Revise o que você estudou nesta lição.

- Nas festas escolares são comemorados momentos especiais para a escola, para a família e para o país.

- As festas familiares celebram momentos importantes ocorridos com os membros da família.

- As festas coletivas podem ser divididas em três tipos: religiosas, cívicas e populares.

ATIVIDADES

1. Observe as fotos a seguir. Elas retratam três festas populares brasileiras.

Boi de mamão, tradição folclórica mais antiga de Santa Catarina, principalmente nas regiões litorâneas.

O festival de Parintins é uma manifestação folclórica que ocorre no Amazonas, no mês de junho.

O Dia da Consciência Negra é celebrado em quase todo o país, no dia 20 de novembro.

a) Que tipo de festa coletiva é retratado em cada foto?

_____

b) Você conhece alguma dessas festas? Qual? Como você conhece essa festa?

_____

2 Pesquise em revistas ou na internet imagens de festas populares, cívicas ou religiosas e cole-as no espaço abaixo.

Adesivos para colar na página 31.

| PAULO E SIMONE TIVERAM TRIGÊMEOS! | 4 |

| PAULO COM A TURMA NA EDUCAÇÃO INFANTIL. | 1 |

| PAULO SE CASOU COM SIMONE. | 3 |

| PAULO FEZ 9 ANOS. | 2 |

Parte integrante da Coleção Eu gosto m@is – História 1º ano – IBEP.

Adesivos para colar na página 51.